60 QUESTIONS & ANSWERS — RÉPONSES ON SUR

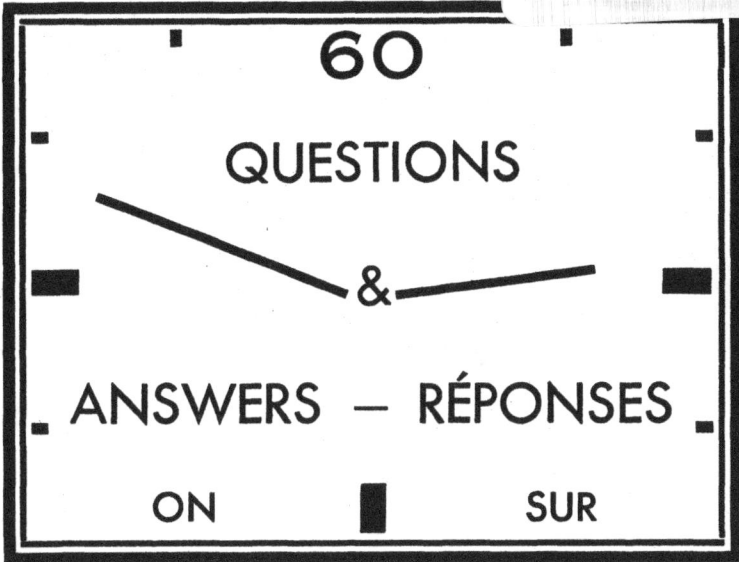

WATCHMAKING ★ L'HORLOGERIE

BY – PAR

EDWARD HEATON

PROFESSEUR À L'ÉCOLE SUPÉRIEURE DE COMMERCE
TECHNICAL TRANSLATOR

(SWITZERLAND) **LA CHAUX-DE-FONDS** (SUISSE)

1 9 3 6

British Library Cataloguing-in-Publication Data
A catalogue record for this book is available from
the British Library

A History of Clocks and Watches

Horology (from the Latin, Horologium) is the science of measuring time. Clocks, watches, clockwork, sundials, clepsydras, timers, time recorders, marine chronometers and atomic clocks are all examples of instruments used to measure time. In current usage, horology refers mainly to the study of mechanical time-keeping devices, whilst chronometry more broadly included electronic devices that have largely supplanted mechanical clocks for accuracy and precision in time-keeping. Horology itself has an incredibly long history and there are many museums and several specialised libraries devoted to the subject. Perhaps the most famous is the *Royal Greenwich Observatory,* also the source of the Prime Meridian (longitude 0° 0' 0"), and the home of the first marine timekeepers accurate enough to determine longitude.

The word 'clock' is derived from the Celtic words *clagan* and *clocca* meaning 'bell'. A silent instrument missing such a mechanism has traditionally been known as a timepiece, although today the words have become interchangeable. The clock is one of the oldest human interventions, meeting the need to consistently measure intervals of time shorter than the natural units: the day,

the lunar month and the year. The current sexagesimal system of time measurement dates to approximately 2000 BC in Sumer. The Ancient Egyptians divided the day into two twelve-hour periods and used large obelisks to track the movement of the sun. They also developed water clocks, which had also been employed frequently by the Ancient Greeks, who called them 'clepsydrae'. The Shang Dynasty is also believed to have used the outflow water clock around the same time.

The first mechanical clocks, employing the verge escapement mechanism (the mechanism that controls the rate of a clock by advancing the gear train at regular intervals or 'ticks') with a foliot or balance wheel timekeeper (a weighted wheel that rotates back and forth, being returned toward its centre position by a spiral), were invented in Europe at around the start of the fourteenth century. They became the standard timekeeping device until the pendulum clock was invented in 1656. This remained the most accurate timekeeper until the 1930s, when quartz oscillators (where the mechanical **resonance** of a vibrating crystal is used to create an electrical signal with a very precise **frequency**) were invented, followed by atomic clocks after World War Two. Although initially limited to laboratories, the development of microelectronics in the 1960s made **quartz clocks** both compact and cheap

to produce, and by the 1980s they became the world's dominant timekeeping technology in both clocks and **wristwatches**.

The concept of the wristwatch goes back to the production of the very earliest watches in the sixteenth century. Elizabeth I of England received a wristwatch from Robert Dudley in 1571, described as an arm watch. From the beginning, they were almost exclusively worn by women, while men used pocket-watches up until the early twentieth century. This was not just a matter of fashion or prejudice; watches of the time were notoriously prone to fouling from exposure to the elements, and could only reliably be kept safe from harm if carried securely in the pocket. Wristwatches were first worn by military men towards the end of the nineteenth century, when the importance of synchronizing manoeuvres during war without potentially revealing the plan to the enemy through signalling was increasingly recognized. It was clear that using pocket watches while in the heat of battle or while mounted on a horse was impractical, so officers began to strap the watches to their wrist.

The company H. Williamson Ltd., based in Coventry, England, was one of the first to capitalize on this opportunity. During the company's 1916 AGM

it was noted that '...the public is buying the practical things of life. Nobody can truthfully contend that the watch is a luxury. It is said that one soldier in every four wears a wristlet watch, and the other three mean to get one as soon as they can.' By the end of the War, almost all enlisted men wore a wristwatch, and after they were demobilized, the fashion soon caught on - the British *Horological Journal* wrote in 1917 that '...the wristlet watch was little used by the sterner sex before the war, but now is seen on the wrist of nearly every man in uniform and of many men in civilian attire.' Within a decade, sales of wristwatches had outstripped those of pocket watches.

Now that clocks and watches had become 'common objects' there was a massively increased demand on clockmakers for maintenance and repair. Julien Le Roy, a clockmaker of Versailles, invented a face that could be opened to view the inside clockwork – a development which many subsequent artisans copied. He also invented special repeating mechanisms to improve the precision of clocks and supervised over 3,500 watches. The more complicated the device however, the more often it needed repairing. Today, since almost all clocks are now factory-made, most modern clockmakers *only* repair clocks. They are frequently employed by jewellers,

antique shops or places devoted strictly to repairing clocks and watches.

The clockmakers of the present must be able to read blueprints and instructions for numerous types of clocks and time pieces that vary from antique clocks to modern time pieces in order to fix and make clocks or watches. The trade requires fine motor coordination as clockmakers must frequently work on devices with small gears and fine machinery, as well as an appreciation for the original art form. As is evident from this very short history of clocks and watches, over the centuries the items themselves have changed – almost out of recognition, but the importance of time-keeping has not. It is an area which provides a constant source of fascination and scientific discovery, still very much evolving today. We hope the reader enjoys this book.

Gentlemen,

We have the pleasure to offer you a copy of the manual:

„60 Questions and Answers on Watchmaking"
by Professor Edward Heaton.

This little book has been conceived and written with the greatest care; the style is remarkably clear, so we can justly praise the author for his work.

Let us add a few words about the advantages realised in modern sport-watches. The different terms as:

> Water-proof (Water-tight)
> Unbreakable
> Non-magnetic
> Automatic

duly appear in the book, but no reference is made to a watch EMBODYING all these advantages, because this achievement is of recent date. Moreover, Mr. Heaton would have gone beyond the purpose of his essay by stating that the MIDO Company had succeeded in this direction.

Therefore, we may draw your attention to this fact while pointing out that the:

MIDO MULTIFORT

watch, along with the aforesaid advantages, is very soon in great favour among the clients, when it is thrown on a new market.

The MIDO MULTIFORT Watch, for Ladies and Gentlemen, is executed in several varieties the line of which is gradually completed through the creation of new styles, all offering the advantages so appreciated by the buying public.

With compliments

MIDO LIMITED
BIENNE (SWITZERLAND)

P. S. Kindly read over page 37 on which you will find a description of the **rolling hour and minute watch,** a MIDO creation.

Messieurs,

Nous avons le plaisir de vous offrir un exemplaire du manuel:

„60 Questions et Réponses sur l'Horlogerie"
du Professeur Edward Heaton.

Ce petit volume a été conçu et rédigé avec le plus grand soin; la clarté du style est remarquable, aussi nous ne pouvons que féliciter l'auteur de cet ouvrage.

Qu'il nous soit permis d'ajouter quelques mots au sujet des avantages réalisés dans les montres de sport modernes. Les différents termes, soit:

Imperméables (étanches)
Incassables
Antimagnétiques
Automatiques

figurent dans le livre, mais il n'est pas fait mention qu'il existe une montre RÉUNISSANT tous ces avantages, parce que cette performance est toute récente. D'ailleurs, Mr. Heaton aurait dépassé le but de son exposé en stipulant que la Fabrique MIDO avait réussi dans cette voie.

C'est pourquoi nous nous permettons d'attirer votre attention sur ce point, en ajoutant que la montre MIDO MULTIFORT avec les avantages précités, jouit d'emblée de la faveur des clients lorsqu'elle est introduite sur un marché.

La montre MIDO MULTIFORT, pour Dames et Messieurs, est exécutée en plusieurs variétés dont la gamme se complète au fur et à mesure par la création de nouveaux genres, tous offrant les avantages si appréciés du public acheteur.

Avec considération distinguée

SOCIÉTÉ ANONYME MIDO
BIENNE (SUISSE)

P.S. Veuillez remarquer page 37 la description de la montre **heures et minutes roulantes** qui est une création MIDO.

Mido
MULTIFORT

Standard model

TO

YOUNG DEALERS IN SWISS WATCHES

THIS LITTLE BOOK IS DEDICATED

AUX

JEUNES NÉGOCIANTS EN HORLOGERIE SUISSE

CE PETIT LIVRE EST DÉDIÉ

FOREWORD

It is good, nowadays, that young folks should have a knowledge of technicalities. Unlike the culture of classical subjects, as Latin and Greek, that requires a strictly intellectual frame of mind, the study of modern contrivances in motoring, aircraft and wireless, is connected with the realm of Sport, and when you say « Sports !» to the Young, they immediately stand forward.

Furthermore, the moment we talk sports, we get in touch with entertainments, fashions and travelling. Now, we are safe in saying that, on the top of all those activities which characterise our modern times, the watch twinkles like a little star.

The Editor of the « Journal Suisse d'Horlogerie » lately wrote: « However paradoxical it may seem, « the watch, one of the first fruits of technique, has « remained a mystery to the public at large. It is « surely different when a client wishes to purchase « a motor-car or a « radio », two products of a much « later period. Why should the purchaser be so well « informed in connection with those complicated me- « chanisms and know so little about his watch, the « everyday companion from his childhood? The

AVANT-PROPOS

Il est bon, de nos jours, que les jeunes gens aient certaines connaissances en technologie. Contrairement à la culture des branches classiques, tels le Latin et le Grec, apanage d'une disposition d'esprit purement intellectuelle, l'étude des inventions modernes — automobilisme, aviation, T. S. F. —, se trouve en contact avec le royaume du Sport, et quand vous dites « Sports »! aux Jeunes, ils sont sur-le-champ au garde-à-vous.

En outre, dès que nous parlons Sports, nous abordons le domaine des distractions, de la mode et des voyages. Or, nous osons prétendre qu'au faîte de toutes ces activités qui caractérisent nos temps modernes, la montre brille comme une petite étoile.

Le Rédacteur du « Journal Suisse d'Horlogerie » écrivait récemment ceci: « Quelque paradoxal que « cela nous semble, la montre, un des premiers fruits « de la technique, demeure un mystère pour beau- « coup. Il n'en est pas de même lorsque le client « désire faire l'acquisition d'une automobile ou d'une « « radio », deux produits d'une période beaucoup « plus récente. Pourquoi l'acheteur est-il si bien « renseigné sur ces mécanismes compliqués, alors « qu'il connaît si peu sa montre, la compagne de « tous les jours dès son enfance? La raison en est « que les fabricants d'automobiles et d'appareils de

« reason is that makers of automobiles and wireless
« apparatus have been able to reserve an adequate
« margin of profit, permitting wide advertising cam-
« paigns for the purpose of educating and convincing
« the public... »

As a matter of fact, even children talk automobile-
engineering. A French paper lately reproduced a
picture showing two kiddies playing under the grand
piano. — « You see » — said Bob touching the
pedals — « on the right is the brake... on the left
is the accelerator! » — Do not blame those kiddies.
On the contrary, let us avail ourselves of their
modern tendencies and give them... a watch, along
with a few explanations. A watch has always been
a little marvel; and it is cheap, too cheap. Everybody
can afford the expense. And we fail to realise the
amount of labour spent on horological science... just
to make the hands turn!

May this short synopsis be an opportunity for
many young dealers and buyers to take a little inte-
rest in « watch debating », as they so often do in
motor, aircraft, cycle and radio talks.

The author is much indebted to Mr. Samuel Guye,
Principal of the Horological School in this town,
for valuable advice and useful information. My sin-
cere thanks are due to him.

La Chaux-de-Fonds (Switzerland), X'mas 1935.

E. H.

« radiophonie ont été en mesure de réserver une
« marge de bénéfice suffisante pour leur permettre
« des campagnes de publicité formidables en vue
« d'éduquer et de convaincre le public... »

Le fait est que, même les enfants, parlent « industrie automobile ». Un journal français reproduisait récemment un dessin montrant deux bambins jouant sous le piano à queue. — « Tu vois » — disait Bob en touchant les pédales — « à droite c'est le frein... à gauche l'accélérateur ! » — Ne blâmez pas ces bambins. Au contraire, profitons de leurs tendances modernes et donnons leur... une montre, avec quelques explications. Une montre a toujours été une petite merveille; et c'est bon marché, trop bon marché. Il y en a pour toutes les bourses. Et nous sommes bien loin de réaliser la somme de labeur consacrée à la science horlogère... pour faire tourner les aiguilles !

Puisse notre petit résumé être l'occasion pour bien des jeunes négociants et acheteurs de s'intéresser à une « conversation horlogère », comme ils le font si souvent lorsqu'ils discutent automobiles, avions, cycles et radios.

L'auteur se sent particulièrement redevable envers Monsieur Samuel Guye, Directeur de l'Ecole d'Horlogerie de cette ville, pour ses précieux conseils et ses utiles renseignements. Je lui en exprime toute ma reconnaissance.

La Chaux-de-Fonds (Suisse), Noël 1935.

E. H.

QUESTIONS

QUESTIONS

INTRODUCTION

1. What is the chief characteristic feature in modern watchmaking?

2. What are the consequences of such divisibility in the work, technically speaking and from a social standpoint?

3. Has not this divisibility spoilt the watchmaker's art? Why?

4. Formerly, when large factories were unknown, did such divisibility exist? Why or why not?

5. How and where did watchmakers execute complete watches?

6. How and where do watch-manufacturers produce their goods, nowadays?

7. What kinds of machines do they chiefly use and where are these machines made?

8. Where is the watchmaking industry mainly carried on? And the industry of gold watch-cases?

9. What do statistics reveal?

10. How is correct time communicated to the watch-factories every day?

11. What are the various departments in a modern watch-factory?

INTRODUCTION

1. Quel est le principal trait caractéristique de l'horlogerie moderne?

2. Quelles sont les conséquences d'une telle divisibilité dans le travail, techniquement parlant et au point de vue social?

3. Cette divisibilité n'a-t-elle pas nui à l'art de l'horloger? Pourquoi?

4. Autrefois, quand les grandes fabriques étaient inconnues, cette divisibilité existait-elle? Pourquoi ou pourquoi pas?

5. Comment et où les horlogers exécutaient-ils des montres complètes?

6. Comment et où les fabricants d'horlogerie produisent-ils leurs articles de nos jours?

7. Quelles sortes de machines emploient-ils principalement et où ces machines sont-elles fabriquées?

8. Où l'industrie horlogère est-elle surtout exercée? Et l'industrie des boîtes de montres en or?

9. Que nous révèle la statistique?

10. Comment l'heure exacte est-elle communiquée aux fabriques tous les jours?

11. Quels sont les divers départements dans une fabrique d'horlogerie moderne?

THE WATCH CASE

PARTS

12. What are the principal parts of a watch-case?

MAKING

13. What are the chief operations to be performed in executing gold watch-cases and what is meant by « Hall-marking »?

14. Do watch-manufacturers make their cases in their own factories?

15. What metals and other substances do makers use for producing watch-cases and what can you say about the word « carat » in connection with: a) gold; b) precious stones? What is the origin of that word?

SHAPES

16. Mention various shapes of watch-cases.

17. What is the difference between an open-face watch and a hunting-watch?

STYLES

18. What classical styles of cases do you know and which do you prefer for a pocket-watch?

LA BOITE DE MONTRE

PARTIES

12. Quelles sont les principales parties d'une boîte de montre?

FABRICATION

13. Quelles sont les principales opérations nécessaires à l'exécution des boîtes de montres en or et que signifie le « Contrôle »?

14. Les fabricants d'horlogerie exécutent-ils leurs boîtes dans leurs propres fabriques?

15. Quels métaux et autres matières les fabricants utilisent-ils pour produire les boîtes de montres, et que pouvez-vous dire du mot « carat », en rapport avec: a) l'or; b) les pierres précieuses? Quelle est l'origine de ce mot?

FORMES

16. Mentionnez différentes formes de boîtes de montres.

17. Quelle est la différence entre une montre lépine et une montre savonnette?

GENRES

18. Quels genres classiques de boîtes connaissez-vous et lequel préférez-vous pour une montre de poche?

19. Is a watch-case always fitted with a round movement, a round dial and a round glass or crystal?

20. What may a leather strap be replaced by, especially for ladies' watches?

21. Do watch-case manufacturers decorate, polish and finish their cases?

DECORATION

22. How may watch-cases be decorated and what decoration do you prefer:

    a) for a pocket-watch?

    b) for a lady's wrist-watch?

(Name several precious stones and their respective colours).

THE MOVEMENT

PARTS

23. What can you say about the rough-movement, also called blank or ebauche?

24. Where is the dust-proof-band and what is the use of it?

25. How are the aforesaid pieces held together and how is the movement fitted to the case?

26. How may the moving organs in a watch-movement be classified?

19. Une boîte de montre est-elle toujours munie d'un mouvement rond, d'un cadran rond et d'un verre rond?

20. Par quoi peut-on remplacer un bracelet en cuir, surtout pour les montres de dames?

21. Est-ce que les fabricants de boîtes de montres décorent, polissent et finissent leurs boîtes?

DÉCORATION

22. Comment les boîtes de montres peuvent-elles être décorées et quelle décoration préférez-vous:

        a) pour une montre de poche?

        b) pour une montre-bracelet de dame?

(Nommez plusieurs pierres précieuses et leurs couleurs respectives).

LE MOUVEMENT

PARTIES

23. Que pouvez-vous dire du mouvement brut, aussi appelé mouvement en blanc ou ébauche?

24. Où se trouve le cercle cache-poussière et à quoi sert-il?

25. Comment les pièces précitées sont-elles tenues ensemble et comment le mouvement est-il fixé à la boîte?

26. Comment les organes mobiles dans un mouvement d'horlogerie peuvent-ils être classés?

27. What are the pieces or members constituting:

a) the Winding   organs?
b) » Motive   »
c) » Transmitting »
d) » Distributing »
e) » Regulating   »
f) » Hand-setting »
g) » Time-showing »

28. Where is the source of the motive power?

29. How is the barrel and how does it work?

30. What different kinds of escapements do you know and in which movements are they fitted respectively?

31. What can you say about the balance and the hairspring?

32. What is the use of the regulator, the arm of which can be moved between the letters F — S (Fast — Slow)?

33. What is the use of jewels in a watch-movement?

34. Are the jewels always set direct into the plate and bridges? Do you know a comparatively new system of jewelling?

35. What different kinds of dials do you know?

36. Do you prefer Roman or Arabic figures? Why?

27. Quelles sont les pièces ou parties constituant:

a) les organes du Remontoir?
b) » »   Moteurs?
c) » »   Transmetteurs?
d) » »   Distributeurs?
e) » »   Régulateurs?
f) » »   de Mise à l'heure?
g) » »   Indicateurs de l'heure?

28. Où est la source de la force motrice?

29. Que savez-vous du barillet et comment fonctionne-t-il?

30. Quelles sortes d'échappements connaissez-vous et dans quels genres de mouvements sont-ils employés, respectivement?

31. Que pouvez-vous dire du balancier et du spiral?

32. Quelle est l'utilité de la raquette, dont le bras peut être mû entre les lettres A — R (Avance — Retard)?

33. A quoi servent les pierres dans un mouvement d'horlogerie?

34. Les pierres sont-elles toujours serties directement dans la platine et les ponts? Connaissez-vous une méthode de sertissage assez nouvelle?

35. Quels genres de cadrans connaissez-vous?

36. Préférez-vous les chiffres romains ou arabes? Pourquoi?

37. What is a radium (or luminous) dial?

38. What is meant by: « Winding up » and « Hand-setting »?

SIZES

39. What are the sizes (dimensions, measures, measurements) used in the watch-trade?

40. Give a few examples and equivalents of American « Sizes ».

41. Are round movements smaller than 7 lines usually seen on the market?

MAKING

42. What are the chief operations to be performed in executing a regular watch-movement?

43. How is a high-grade watch-movement adjusted and tested?

44. What is the document supplied with some chronometers?

STYLES AND KINDS OF WATCHES

45. When we speak of a lever-watch, a cylinder watch or a Roskopf watch, what do these terms refer to?

46. Why is an 8 day (or 8 days') watch so called?

47. Explain these inscriptions on dials:
8 day — 8 day-watch — 8 days' watch — 8 days.

37. Qu'est-ce qu'un cadran radium (ou lumineux)?

38. Que veut dire: « Remontage » et « Mise à l'heure »?

GRANDEURS

39. Quelles sont les grandeurs (dimensions, mesures) utilisées en horlogerie?

40. Donnez quelques exemples et équivalents de « Sizes » américains.

41. Voit-on souvent sur le marché des mouvements ronds plus petits que 7 lignes?

FABRICATION

42. Quelles sont les principales opérations nécessaires à l'exécution d'un mouvement de montre courant?

43. Comment régler et vérifier un mouvement de montre de précision?

44. Quel est le document fourni avec certains chronomètres?

GENRES ET SORTES DE MONTRES

45. Quand nous parlons d'une montre ancre, d'une montre cylindre ou d'une montre Roskopf, à quoi ces termes se rapportent-ils?

46. Pourquoi une montre 8 jours est-elle ainsi dénommée?

47. Expliquez ces inscriptions sur cadrans:
8 day — 8 day-watch — 8 days' watch — 8 days.

48. What can you say about deck-watches and marine chronometers?

49. What is a repeater or repeating watch?

50. What is a chronograph?

51. What is the difference between sport-meters and chronographs, and what are the principal applications thereof?

52. What can you say about a calendar-watch?

53. What is meant by a key-watch?

54. How is a handless watch?

55. What is an alarum watch?

56. How is a skeleton-watch?

57. What is a universal watch?

58. What is the characteristic of a whirl-watch?

59. Which were the old systems used for measuring time?

60. Mention other varieties of watches and say how they are presented.

48. Que pouvez-vous dire des chronomètres de bord et des chronomètres de marine?

49. Qu'est-ce qu'une montre à répétition ou à sonnerie?

50. Qu'est-ce qu'un chronographe?

51. Quelle différence y a-t-il entre les compteurs de sports et les chronographes, et quelles sont les principales applications de ces instruments?

52. Que pouvez-vous dire d'une montre à quantièmes?

53. Qu'est-ce qu'une montre à clef?

54. Quel est l'aspect d'une montre sans aiguilles?

55. Qu'est-ce qu'une montre-réveil?

56. Comment vous représentez-vous une montre-squelette?

57. Qu'est-ce qu'une montre universelle?

58. Quel est le trait caractéristique d'une montre à tourbillon?

59. Quels furent les anciens systèmes utilisés pour mesurer le temps?

60. Mentionnez d'autres variétés de montres et dites comment elles sont présentées.

ANSWERS

RÉPONSES

INTRODUCTION

1. The chief characteristic feature in modern watchmaking is the divisibility or fractionation of the work, as required for serial manufacture.

2. Such divisibility is profitable to watch-manufacturers, as it increases the output, but it compels most watchmakers to work in factories.

3. Yes, it has spoilt the watchmaker's art, because the workmen have had to specialise in the making of small parts only.

4. No, because watchmakers knew, practically, the whole mechanism of a watch-movement.

5. Watchmakers executed complete watches with small tools, partly home-made. They often worked in their bed-rooms, where a bench was set up near the window.

6. Watch-manufacturers now produce their goods in large factories, by « mechanical process », in order to secure thorough interchangeability of all the pieces constituting the watch-movement.

7. They chiefly use automatic machines, such as: rolling mills, stamping machines, burr removers, drills, screw-cutters, cutting off machines, lathes and spe-

INTRODUCTION

1. Le principal trait caractéristique de l'horlogerie moderne est la divisibilité ou le fractionnement du travail, telle que l'exige la fabrication en séries.

2. Cette divisibilité est profitable aux fabricants d'horlogerie, attendu qu'elle augmente la production, mais elle contraint la plupart des horlogers à travailler dans des fabriques.

3. Oui, elle a nui à l'art de l'horloger, parce que les ouvriers ont dû se spécialiser dans l'exécution de petites parties seulement.

4. Non, parce que les horlogers connaissaient, pratiquement, tout le mécanisme d'un mouvement de montre.

5. Les horlogers exécutaient des montres complètes avec de petits outils, partiellement faits « à la maison ». Ils travaillaient souvent dans leurs chambres à coucher où un établi était dressé près de la fenêtre.

6. Les fabricants d'horlogerie produisent maintenant leurs articles dans de grandes usines, par « procédés mécaniques », afin d'assurer l'interchangeabilité absolue de toutes les pièces constituant le mouvement de la montre.

7. Ils utilisent principalement des machines automatiques, telles que: laminoirs, presses, machines à adoucir, perceuses, taraudeuses, machines à décolle-

cial milling machines for watchmaking. These machines are made in Western Switzerland.

8. The watchmaking industry is mainly carried on in the Swiss Jura and the industry of gold watchcases at La Chaux-de-Fonds, Geneva and Le Locle.

9. Statistics reveal that Switzerland produces nearly 2/3 of the watches manufactured in the whole world and that 95 % of the Swiss production is exported (about one half to Countries in which the English language is used for International transactions).

10. Correct time is communicated to the watch-factories by Wireless, Observatories, and by Telephone signals.

11. The various Departments in a modern watch-factory are:

a) The Offices, including the Show-room with collections;
b) The Technical Department;
c) The Tool-makers' and Die-makers' shop;
d) The Ebauche and Material Workshop;
e) The Gauging and Warehousing Dept. for Ebauches and Finished materials;
f) The Assembling and Finishing Dept.;
g) The Timing (or Adjusting) Dept.;
h) The Dial fitting and Casing Dept.;
i) The Examining, Rating and Checking Dept.;
j) The Shipping Department.

ter, machines à tourner ou à fraiser, spéciales pour l'horlogerie. Ces machines sont fabriquées en Suisse occidentale.

8. L'industrie horlogère est surtout exercée dans le Jura suisse et l'industrie des boîtes de montres en or à La Chaux-de-Fonds, à Genève et au Locle.

9. La statistique révèle que la Suisse produit à peu près les 2/3 des montres manufacturées dans le monde entier et que le 95 % de la production suisse est exportée (la moitié environ dans des pays où la langue anglaise est employée pour les transactions internationales).

10. L'heure exacte est communiquée aux fabriques par T. S. F., par les Observatoires et par des signaux téléphoniques spéciaux.

11. Les différents Départements dans une fabrique d'horlogerie moderne sont:

a) Les Bureaux, y compris la salle d'exposition avec les collections;
b) Le Département technique;
c) L'Atelier des Outilleurs et des Faiseurs d'étampes;
d) L'Atelier des Ebauches et Fournitures;
e) Le Département de Jaugeage et de Stockage des ébauches et fournitures finies;
f) L'Atelier de Remontage et de Finissage;
g) La Salle de Réglage;
h) L'Atelier pour la pose des Cadrans et l'Emboîtage;
i) L'Atelier de Visitage, Contrôle de marche et Vérification;
j) Le Département des Expéditions.

THE WATCH CASE

PARTS

12. A regular watch-case is composed of the following parts:

The case-centre, or case-band, viz. the middle part or « framework » of the case.

The back or bottom.

The rim or bezel, viz: the upper part of the case holding the glass.

The dome or cap (if any), made of metal or glass, viz. the small inside cover, protecting the movement.

The edges and the flat shutting rims (on the case band, back, dome and bezel).

The assortment, viz: the pendant, with drop (if any), crown, bow (or ring) for the watch-guard.

The hinges (if any) for the back and bezel.

The joint, which is a small hinge for the dome.

The pins, for the hinges and joint.

The height-bezel (if any), a thin snap-rim set into the main bezel to hold the glass.

The olive-pipe, a small knob or button on the case-band of some watches, through which acts a pin used for hand-setting, when pushed down with the finger nail.

The ogee, a small bow-shaped thread slightly projecting beyond the edge of the back and bezel,

LA BOITE DE MONTRE

PARTIES

12. Une boîte de montre usuelle se compose des parties suivantes:

La carrure, c'est-à-dire la partie centrale ou « charpente » de la boîte.

Le fond ou dos.

La lunette, soit la partie supérieure de la boîte, maintenant le verre.

La cuvette (s'il y en a une), faite de métal ou de verre, c'est-à-dire le petit couvercle intérieur, protégeant le mouvement.

Les bords plats ou les battues (sur la carrure, le fond, la cuvette et la lunette).

L'assortiment, soit le pendant, avec ou sans goutte, la couronne et l'anneau (ou bélière) pour le mousqueton de la chaîne.

Les charnières (s'il y en a) pour le fond et la lunette.

Le charneron, qui est une petite charnière pour la cuvette.

Les goupilles, pour les charnières et le charneron.

Le réhaut (s'il y en a un), mince anneau à cran enchâssé dans la lunette principale, pour tenir le verre.

Le canon-olive, petit bouton sur la carrure de certaines montres, au travers duquel se meut, lorsqu'elle est poussée avec l'ongle, une goupille de mise à l'heure.

and used for opening the watch more easily by means of the finger nail or a knife.

The cover, (if a hunting case).

The upper-glass (or crystal), sometimes made of unbreakable material.

The case-spring or « secret » arrangement, if a hunting case. Said spring runs inside the case-band, from the pendant to the hinge. The upper end or head of the spring keeps the cover constantly closed: the lower end or hook of the spring, on the contrary, helps the cover to open wide when the head is disengaged by pressure on the case crown.

Cases for repeating watches and chronographs have push-pieces, knobs or bolts working either through the crown or the case-band. Some repeaters have a flat push-piece, with a notch for the nail, sliding clockwise or counter-clockwise, on the outer surface of the case-band.

Bracelet-cases or watch « tops » are fitted with shoulders or loops, for metal bracelets, leather straps, silk ribbons or strings.

MAKING

13. The chief operations to be performed in executing gold watch-cases are: melting of the alloy, roughing out, drawing out and rolling, stamping, turning on lathes, soldering, finishing off, numbering, Hall-marking and polishing. Hall-marking

L'olivette, petit filet en forme d'arc faisant légèrement saillie au delà du fond et de la lunette, et servant à ouvrir la montre plus facilement au moyen de l'ongle ou d'un couteau.

Le couvercle (s'il s'agit d'une boîte savonnette).

Le verre, quelquefois en matière incassable.

Le secret ou ressort de boîte, s'il s'agit d'une savonnette. Ce ressort passe à l'intérieur de la carrure, du pendant à la charnière. L'extrémité supérieure ou tête du ressort maintient le couvercle constamment fermé; l'extrémité inférieure ou crochet du ressort, au contraire, aide le couvercle à s'ouvrir, quand la tête est dégagée, en pressant sur la couronne de la boîte.

Les boîtes pour montres à répétition et les chronographes ont des poussoirs, boutons ou verrous fonctionnant au travers de la couronne ou de la carrure. Certaines montres à répétition ont un poussoir plat, avec une encoche pour l'ongle, et glissant dans le sens des aiguilles de la montre, ou en sens contraire, sur la surface extérieure de la carrure.

Les montres-bracelets ou « calottes » sont munies d'épaules ou anses, pour bracelets en métal, courroies de cuir, rubans de soie ou cordonnets.

FABRICATION

13. Les principales opérations nécessaires à l'exécution des boîtes de montres en or sont: la fonte de l'alliage, le dégrossissage et le laminage, l'étampage, le tournage (sur des tours), le soudage, l'ache-

means the official punching of certain symbols by Assay-Masters at Assay-offices, in order to indicate the degree of fineness of the precious metal. Assaying is performed by the cupel or with a touch-stone, testing needles and a reactive liquid.

14. No, generally watch-manufacturers buy their cases from watch-case-makers; the latter are specialised in the making of gold and platinum cases, **or** silver cases **and/or** metal cases.

15. For producing watch-cases, makers use gold, platinum, silver, nickel, gun-metal, chromium plated metal, rustless and rust-proof steel (stainless), Firth « Staybrite » (stay bright), ivory, cornelian, mother-of-pearl, wood, lacquer, leather and galalith. There are also gold-filled and rolled gold cases. The carat is used to indicate the proportion of gold in alloys; pure gold is 24 carats. The carat is also used as a weight for weighing diamonds and precious stones; it is equivalent to 205 ½ milligrammes. It originated from the « carob » tree growing in Abyssinia and producing small beans used by the Ethiopians for weighing gold.

SHAPES

16. An ordinary watch-case is usually round, but there are many fancy shapes: square, cushion-shaped or bow-square, rectangular, oval, octagonal, elliptic, barrel-shaped, etc.

vage, le numérotage, le contrôle et le polissage. Contrôle signifie le poinçonnement officiel de certains symboles par des Essayeurs-Jurés, dans des Bureaux de Contrôle, afin d'indiquer le degré de finesse du métal précieux. Les essais se font par coupellation ou avec une pierre de touche, des touchaux et un liquide réactif.

14. Non, généralement les fabricants d'horlogerie achètent leurs boîtes aux fabricants de boîtes de montres; ces derniers sont spécialisés dans la fabrication des boîtes or et platine, **ou** des boîtes argent et/**ou** des boîtes métal.

15. Pour produire les boîtes de montres, les fabricants utilisent l'or, le platine, l'argent, le nickel, le métal oxydé, le métal chromé, l'acier antirouille (sans tache), l'acier Firth « Staybrite » (reste brillant), l'ivoire, la cornaline, la nacre, le bois, la laque, le cuir et la galalithe. Il y a aussi des boîtes plaquées or et en métal plaqué laminé. Le carat est employé pour indiquer la proportion d'or dans les alliages; l'or pur est à 24 carats. Le carat est aussi utilisé comme poids pour peser les diamants et les pierres précieuses; il équivaut à 205 1/2 milligrammes. Il tire son origine du « caroubier » d'Abyssinie qui produit de petites baies dont se servent les Ethiopiens pour peser l'or.

FORMES

16. Une boîte de montre courante est généralement ronde, mais il y a beaucoup de formes fantaisie:

17. An open-face watch has no cover. A hunter or hunting watch has a cover protecting the glass. When said cover has an opening with a second glass in the center, surrounded by a zone for the figures, it is called cut-hunter or demi-hunter.

STYLES

18. Classical styles of watch-cases are: the bassine, lentille, gouge, Louis XV style, Directoire and Empire styles, knife or sharp style, etc. For a pocket-watch, the plain polished lentille case is always fashionable.

19. No, watch-cases are often fitted with shaped movements, shaped glasses and fancy dials to match; some of these movements are of the polyplane and curviplane types.

20. A leather-strap is often replaced by a silk-ribbon, silk-string, plaited leather-wristlet, or by an expanding metal bracelet, a Milanese band or a curb-chain wristlet.

21. No, generally watch-case manufacturers supply rough cases only. The decoration, polishing and finishing off are executed in other workshops. An exception should be made for decorations of the «carved» types, often executed with dies and punches.

carrée, forme coussin ou carrée-cambrée, rectangulaire, ovale, octogonale, elliptique, tonneau, etc.

17. Une montre lépine n'a pas de couvercle. Une montre savonnette a un couvercle protégeant la glace. Quand le couvercle a une ouverture avec une deuxième glace au centre, entourée d'une zone pour les chiffres, on l'appelle savonnette à guichet.

GENRES

18. Les genres classiques des boîtes de montres sont: la bassine, la lentille, la boîte à gouge, la boîte style Louis XV, les styles Directoire et Empire, la forme effilée ou couteau, etc. Pour une montre de poche, la boîte lentille unie polie est toujours à la mode.

19. Non, les boîtes de montres sont souvent munies de mouvements et de glaces de formes, avec des cadrans fantaisie assortis; certains mouvements sont du type polyplan ou du type curviplan.

20. Une courroie de cuir est souvent remplacée par un ruban de soie, un cordon de soie, un bracelet en cuir tressé, ou par un bracelet extensible en métal, une milanaise ou une gourmette.

21. Non, généralement les fabricants de boîtes de montres fournissent seulement des boîtes brutes. La décoration, le polissage et le finissage se font dans d'autres ateliers. Par exception, les décors du type « ciselé », sont souvent exécutés avec les étampes et les poinçons.

DECORATION

22. Watch-cases may be plain-polished, satin or Butler-finished, engine-turned, engraved, enchased, stamped, enamelled, niel-finished, damaskeened, decorated with inlaid work, chargings (appliqué), or jewelled, viz. set with precious stones, such as diamonds (brilliants or roses), pearls (white), rubies (red or pink), sapphires (light blue), garnets (purple), opals (white), turquoises (sky-blue), topazes (yellow). amethysts (mauve), emeralds (green), etc. For a pocket watch, I prefer a .... case; For a lady's watch, I prefer a .... case.

THE MOVEMENT

PARTS

23. The rough movement, also called blank or ebauche, is the frame-work of the watch. It is composed of the dial-plate, the bridges and the cock (balance-bridge).

24. The dust-proof band encircles the movement and protects the latter when it is cased. It is often used as an enlargement ring.

25. These organs are either snapped together or held with screws, feet and pins; the movement and the dust-proof band (if any) are fixed to the case by means of case-screws or dog-screws.

DÉCORATION

22. Les boîtes de montres peuvent être polies-unies, grenées ou finies genre « Butler », guillochées, gravées, ciselées, frappées, émaillées, niellées, damasquinées, décorées avec des incrustations, des appliques, ou avec de la joaillerie, c'est-à-dire serties de pierres précieuses, telles que diamants (brillants ou roses), perles (blanches), rubis (rouges ou roses), saphirs (bleu clair), grenats (pourpre), opales (blanches), turquoises (bleu ciel), topazes (jaunes), améthystes (mauves), émeraudes (vertes), etc.

Pour une montre de poche, je préfère une boîte............;
Pour une montre de dame, je préfère une boîte..............

LE MOUVEMENT

PARTIES

23. Le mouvement brut, aussi appelé mouvement en blanc ou ébauche, constitue la structure de la montre. Il est composé de la platine, des ponts et du coq (pont de balancier).

24. Le cercle cache-poussière entoure le mouvement et le protège lorsqu'il est emboîté. Il est souvent employé comme cercle d'agrandissement.

25. Ces organes sont ajustés à cran ou tenus les uns aux autres par des vis, des pieds ou des goupilles; le mouvement et le cercle cache-poussière (s'il y en a un), sont fixés à la boîte au moyen des clefs d'emboîtage ou de fixage.

26. The moving organs in a watch-movement may be classified into seven groups, according to the function they perform; these groups are enumerated in the following question and answer.

27. These pieces or members are:

a) **Winding Organs** — Crown, winding stem, clutch-wheel, winding pinion, crown-wheel with its washer, ratchet, click and click-spring. *

b) **Motive Organs** — Barrel with arbor and cover, within which is coiled the mainspring, also called barrel-spring, power-spring or motor-spring.

c) **Transmitting Organs** — Center-wheel, intermediate (or third) wheel, fourth wheel (for the seconds), with their respective spindles and pinions.

d) **Distributing Organs** — Escape (or lever) wheel; lever with the jewel-pallets and the fork, pivoting on the pallet-staff; the large roller with its jewel impulse-pin and the small roller, fixed on the balance-staff.

e) **Regulating Organs** — Balance with hairspring (Breguet or flat) and the regulator (or index) fastened to the cock by means of the end-piece.

* See foot-notes on page 20.

26. Les organes mobiles d'un mouvement d'horlogerie peuvent être classés en sept groupes, selon la fonction qu'ils accomplissent; ces groupes sont énumérés dans la question et la réponse suivante.

27. Ces pièces ou parties sont:

a) **Organes du Remontoir** — La couronne, la tige de remontoir, le pignon coulant, le pignon de remontoir, le rochet de couronne avec son noyau, le rochet, la masse et le ressort de masse. *

b) **Organes Moteurs** — Le barillet, avec arbre et couvercle, à l'intérieur duquel est enroulé le ressort principal, aussi dénommé ressort de barillet, ressort de propulsion ou ressort moteur.

c) **Organes Transmetteurs** — La roue de centre (ou grande moyenne), la roue intermédiaire (ou petite moyenne), la roue de trotteuse (ou roue de secondes), avec leurs axes et pignons respectifs.

d) **Organes Distributeurs** — La roue d'échappement (ou roue d'ancre); l'ancre avec les pierres de levées et la fourchette, pivotant sur la tige d'ancre; le grand plateau avec l'ellipse et le petit plateau, fixés sur l'axe de balancier.

e) **Organes Régulateurs** — Le balancier avec son spiral (Breguet ou plat) et la raquette, fixée au coq par le coqueret.

---

* Voir notes au bas de la page 20.

f) **Hand-setting Organs** — Crown, setting (winding) stem, clutch-wheel, one (or two) setting-wheel(s), minute-wheel with pinion, canon-pinion, hour-wheel, setting lever, yoke, yoke-spring, hand-setting cock (with or without jumper). All these pieces are located behind the dial and are fitted to the dial-plate. *

g) **Time-showing Organs** — Dial with figures and the hands (minute-hand, hour-hand, second-hand).

28. The motive-power is generated by the main-spring which is coiled within the barrel and regularly wound up. The inner end of the mainspring is fastened to the core of the barrel-arbor and the outer end of said spring is fixed to the barrel-drum. When the watch is running, the barrel-arbor and its core are at a stand-still while the mainspring slowly unwinds, thus causing the barrel to rotate and to drive the gear-train or wheel-work.

29. The barrel (supposed to be the first wheel), is a drum-like box or hollow cylinder containing the mainspring. The motion is communicated from the barrel-toothing to the pinion of the center-wheel (supposed to be the second wheel); the toothing of the center-wheel gears with the pinion of the third wheel (or intermediate wheel), and the third wheel-toothing meshes with the pinion of the fourth wheel

---

* winding-stem = setting-stem   crown-wheel = small-ratchet
   setting-lever = setting-piece   ratchet = barrel-ratchet
   clutch-wheel = castle-wheel   yoke = rocking-bar = swing
     hand-setting-cock = setting-bridge = bridge for setting wheels.

f) **Organes de Mise à l'heure** — La couronne, la tige de mise à l'heure (et de remontoir), le pignon coulant, un (ou deux) renvoi(s), la roue de minuterie avec pignon, la chaussée, la roue à canon, la tirette, la bascule, le ressort de bascule, le pont de mise à l'heure (avec ou sans sautoir). Toutes ces pièces sont logées derrière le cadran et sont fixées à la grande platine. *

g) **Organes Indicateurs de l'heure** — Le cadran avec les chiffres, et les aiguilles (de minutes, d'heures et de secondes).

28. La force motrice est produite par le ressort de barillet qui est enroulé à l'intérieur du barillet et régulièrement remonté. L'extrémité intérieure du ressort est fixée à la bonde de l'arbre de barillet, et l'extrémité extérieure de ce ressort est reliée au tambour du barillet. Quand la montre marche, l'arbre de barillet et sa bonde sont au repos, tandis que le ressort se déroule lentement, imprimant ainsi un mouvement de rotation au barillet qui actionne le train d'engrenages ou rouage.

29. Le barillet (qui opère comme première roue), est une boîte en forme de tambour, ou un cylindre creux, contenant le ressort moteur. Le mouvement est communiqué de la denture du barillet au pignon de la grande moyenne (deuxième roue); la denture de la grande moyenne s'engrène avec le pignon de la petite moyenne ou roue intermédiaire (troi-

* tige de remontoir = tige de tirette = équerre [mise à l'heure pignon coulant = pignon balladeur pont de mise à l'heure = pont de mécanisme = pont de renvois. rochet de couronne = petit rochet rochet = rochet de barillet bascule = bascule de mise à l'heure

(or wheel for the seconds) the toothing of which drives the escape-wheel (or lever-wheel). The motion is thus not only **transmitted** but also gradually **multiplied** by each gear, as a large diameter toothing ever drives a small diameter pinion.

30. The earliest form of escapement is the **crown** or **verge** escapement, also called **vertical** escapement, in which two pallets on the balance-staff engage with a crown-wheel. It was used in old watches down to the year 1780.

The **lever** escapement, in which an anchor-shaped piece connects the escape-wheel with the regulating organ. The wig-wag motion is limited by two banking pins. It was invented by Thomas Mudge (1715-1794), Clockmaker to King George III, and used for the first time in a watch ordered for Queen Charlotte. This remarkable watch is now preserved in the Royal Collections at Windsor Castle.

The **cylinder** escapement having, on the balance-staff, a very small open-sided hollow cylinder which receives the impulses direct from the escape-wheel.

The **Roskopf** escapement, invented by G.-F. Roskopf, a Swiss watchmaker, in 1867. It is a simplified lever escapement wherein the pallets are replaced by vertical steel pins. The alternating motion of the lever is limited by the shape of the lever-wheel-rim, which does away with the banking pins.

sième roue) et la denture de la petite moyenne s'engrène avec le pignon de la roue de trotteuse ou de secondes (quatrième roue) dont la denture commande la roue d'échappement (ou roue d'ancre). Le mouvement est ainsi non seulement **transmis** mais aussi graduellement **multiplié** par chaque engrenage, attendu qu'une denture de grand diamètre entraîne toujours un pignon de petit diamètre.

30. La forme primitive de l'échappement est l'échappement à **couronne** ou à **verges,** aussi dénommé échappement **vertical** ou à **roue de rencontre** dans lequel deux levées sur l'axe de balancier s'engagent avec une roue de couronne. Il était employé dans les montres anciennes jusqu'en 1780.

L'échappement à **ancre,** dans lequel une pièce en forme d'ancre relie la roue d'échappement avec l'organe régulateur. Le mouvement de va-et-vient est limité par deux butées ou goupilles de renversement. Il fut inventé par Thomas Mudge (1715-1794), Pendulier du Roi Georges III et utilisé pour la première fois dans une montre commandée pour la Reine Charlotte. Cette montre remarquable est maintenant conservée dans les Collections Royales au Château de Windsor.

L'échappement à **cylindre,** comportant, sur l'axe de balancier, un très petit cylindre creux, à côtés ouverts, qui reçoit les impulsions directement de la roue d'échappement.

L'échappement **Roskopf,** inventé par G.-F. Roskopf, horloger suisse, en 1867. Il s'agit d'un échap-

The duplex escapement, having two sets of teeth, one to communicate the impulses and the other to lock the wheel by pressing on a notched roller.

The **detent** or **chronometer** escapement, in which the escape-wheel is locked on a jewel carried in a spring-detent. The impulses are given to a pallet fitted to a large roller tight on the balance-staff. A very small roller placed underneath controls the motion of the detent. This delicate escapement is chiefly used in marine chronometers.

The **remontoir** or **constant power** escapement, in which the escape-wheel is driven by an independent spring (or weight) wound up at regular intervals by the watch (or clock) train. It is sometimes used in astronomical clocks.

The **whirl** or « **tourbillon** » escapement, the characteristic feature of which is a kind of « merry-go-round » driven by the third wheel and in which the escape-wheel performs epicyclic revolutions around the fourth wheel screwed tight on the dial-plate. In the Breguet whirl escapement, the balance is coaxial with the merry-go-round and an upper extension of the central axis bears the second-hand, whereas in the Bonniksen whirl escapement, the balance is offset from the center point. A whirl escapement is very elaborate and expensive.

pement à ancre simplifié dans lequel les levées sont remplacées par des goupilles ou chevilles verticales, en acier. Le mouvement alternatif de l'ancre est limité par la forme du cercle de la roue d'échappement, ce qui permet de supprimer les butées.

L'échappement **duplex,** comportant deux rangées de dents, l'une pour communiquer les impulsions et l'autre pour arrêter la roue par pression sur un plateau entaillé.

L'échappement à **détente** ou de **chronomètre,** dans lequel la roue d'échappement est arrêtée sur une pierre portée par une détente à ressort. Les impulsions sont données à une levée fixée à un grand plateau ajusté rigidement sur l'axe du balancier. Un très petit plateau logé au-dessous, contrôle le mouvement de la détente. Cet échappement délicat est principalement utilisé dans les chronomètres de marine.

L'échappement à **remontoir** ou à **force constante,** dans lequel la roue d'échappement est actionnée par un ressort (ou poids) indépendant, remonté à intervalles réguliers par le rouage de la montre (ou de la pendule). Il est quelquefois utilisé dans les horloges astronomiques.

L'échappement à **tourbillon,** dont le trait caractéristique est une espèce de « carrousel » actionné par la roue de petite moyenne et dans lequel la roue d'ancre accomplit un mouvement de rotation épicyclique autour de la roue de secondes qui est vissée rigidement sur la grande platine. Dans l'échap-

The **electric** escapement, characterised by the fact that the periodical arrest of the escape-wheel is controlled electrically.

The escapement receives the power from the wheel-work and transmits that power periodically to the balance. It is so called because it allows a tooth of the lever-wheel to « escape » from a pallet at each vibration, which produces the « tic-tac » of the watch or clock. The escapement is a device particular to horology.

31. The balance is the fly-wheel that receives the impulses from the escapement. The duration of the oscillations is determined by the moment of inertia of the fly-wheel and by the dimensions of the hairspring connected therewith. A balance is either monometallic and uncut, or bi-metallic and cut. It usually performs 5 oscillations in a second, 300 in a minute, 18,000 in an hour and 432,000 in twenty four hours. In space, it would cover a distance of 10 miles daily.

The hairspring — invented by Huyghens, the Dutch astronomer, en 1675 — is so called because it is thin like a hair. The French call it « spiral » because it is wound up in spiral. Its inner end is fixed to the balance-staff by means of the collet and its outer end is attached to the cock by the

pement à tourbillon de Breguet, le balancier est co-axial par rapport au carrousel et un prolongement de l'axe central porte l'aiguille des secondes, tandis que dans l'échappement à tourbillon de Bonniksen, le balancier est décentré. Un échappement à tour-billon doit être soigneusement exécuté et coûte très cher.

L'échappement **électrique,** caractérisé en ce que l'arrêt périodique de la roue d'échappement est con-trôlé électriquement.

L'échappement reçoit la force du rouage et trans-met cette force périodiquement au balancier. Il est ainsi dénommé parce qu'il permet à une dent de la roue d'ancre de « s'échapper » d'une levée à chaque vibration, ce qui produit le « tic-tac » de la montre ou horloge. L'échappement est un dispositif parti-culier à l'horlogerie.

31. Le balancier est le volant qui reçoit les impul-sions de l'échappement. La durée des oscillations est déterminée par le moment d'inertie du volant et par les dimensions du spiral auquel il est relié. Un balancier est, ou bien mono-métallique et non-coupé, ou bi-métallique et coupé. Habituellement il accom-plit 5 oscillations par seconde, 300 par minute, 18,000 par heure et 432,000 en vingt-quatre heures. En espace, il couvrirait une distance de 16 kilomètres par jour.

Le spiral — inventé par Huyghens, l'astronome hollandais, en 1675 —, est ainsi nommé parce qu'il est enroulé en forme de spirale. En anglais on

stud. In a **flat** hairspring, all the spires are on the same plane. In a **Breguet** hairspring, invented by the famous horologist A.-L. Breguet (1747-1823), the outer spire, called **terminal curve,** has a particular form and is slightly raised, so as to obtain greater regularity in the oscillations of the balance, consequently, a most accurate timing of the watch. The function of this delicate organ is to regulate the duration of the oscillations (or vibrations) of the balance which are isochronal. Hairsprings, associated to bi-metallic balances, are made of tempered or hardened steel. For the last few years, hairsprings have been made with new alloys called: « Elinvar » (elasticity **invariable**), discovered by Mr. Chs. Ed. Guillaume, « Beryllium » and « Nivarox », non-magnetic and inoxydable. Watches provided with these hairsprings have monometallic balances and, notwithstanding, give practically adequate compensation.

32. The index or regulator — as its name implies — is usually a flat steel member located on the balance-cock and used for correcting small variations in the running of the watch (Fast or Slow).

33. The wheel-pivots are made to revolve in jewel-holes in order to reduce wear and friction of the moving organs to a strict minimum. Oil-sinks pro-

l'appelle « hairspring », parce qu'il est mince comme un cheveu. Son extrémité intérieure est fixée à l'axe du balancier au moyen de la virole et son extrémité extérieure est reliée au coq par le piton. Dans un spiral **plat,** toutes les spires sont sur le même plan. Dans un spiral **Breguet,** inventé par le célèbre chronométrier A.-L. Breguet (1747-1823), la spire extérieure, appelée **courbe terminale,** a une forme particulière et se trouve légèrement relevée, afin d'obtenir une plus grande régularité des oscillations du balancier, partant, un réglage très précis de la montre. La fonction de cet organe délicat est de régler la durée des oscillations (ou vibrations) du balancier qui sont isochrones. Les spiraux, associés aux balanciers bi-métalliques, se font en acier trempé ou durci. Depuis quelques années, les spiraux sont faits de nouveaux alliages appelés: l'« Elinvar » (**é**lasticité **invar**iable), découvert par M. Chs.-Ed. Guillaume, le « Beryllium » et le « Nivarox », anti-magnétiques et inoxydables. Les montres munies de ces spiraux ont des balanciers monométalliques et, nonobstant, donnent une compensation pratiquement suffisante.

32. La raquette ou le régulateur — comme son nom l'indique — est habituellement un organe plat, en acier, logé sur le pont du balancier et qui sert à corriger de petites variations dans la marche de la montre (Avance ou Retard).

33. Les pivots des roues tournent dans des trous de pierres afin de réduire l'usure et le frottement des organes mobiles au strict minimum. Des huiliers

vide for adequate lubrication if spreading or leakage of oil is avoided and if the oil is periodically renewed.

34. No, the jewels are often set within small ringlets called « in-settings », « bushings » or « chatons » which are screwed upon, or driven into the plate and bridges. According to a modern process of manufacture, the jewels are directly forced into the plate and bridges. The stones used are sapphires and rubies, generally synthetic (or scientific).

35. There are endless varieties of dials, enamel or metal; silver plated or gilt, engraved or painted, round or fancy-shaped, with plain, bold, relievo, or luminous figures, for regular or complicated watches, sport-chronographs, minute recorders, meters and time-pieces.

36. Roman figures are generally used for plain classical watches and clocks, but Arabic figures are often preferred because they are more legible. On modern dials, the figures are sometimes replaced by mere strokes or dots.

37. The figures on « radium » dials, and the hands, are coated with a luminous substance containing radium salts: they show the time in the dark, as they shine like glow-worms.

assurent une lubrification convenable si l'on évite l'étalement ou la fuite de l'huile et si on la renouvelle périodiquement.

34. Non, les pierres sont souvent serties dans de petites bagues appelées « bouchons » ou « chatons » qui sont vissés sur, ou chassés à force dans la platine et les ponts. D'après un procédé moderne de fabrication, les pierres sont directement chassées dans la platine et les ponts. Les pierres utilisées sont des saphirs et des rubis, généralement synthétiques (ou scientifiques).

35. Il existe une grande variété de cadrans, émail ou métal, argentés ou dorés, gravés ou peints, ronds ou de formes fantaisie, avec heures simples, heures grasses, en relief ou chiffres lumineux, pour montres ordinaires ou compliquées, montres de sports, chronographes enregistreurs de minutes, compteurs et pendulettes.

36. Les chiffres romains sont généralement utilisés pour les montres et pendules classiques, mais on préfère souvent les chiffres arabes parce qu'ils sont plus lisibles. Sur les cadrans modernes, les chiffres sont quelquefois remplacés par de simples traits ou points.

37. Les chiffres sur cadrans « radium », et les aiguilles, sont recouverts d'une substance lumineuse contenant des sels de radium; ils permettent de voir l'heure dans la nuit, car ils brillent comme des vers luisants.

38. « Winding-up » means: re-coiling the main-spring by turning the crown and winding-stem with the fingers. The motion is communicated, through the winding-pinion, to the crown-wheel and ratchet which turns the barrel-arbor, thus winding up the mainspring. The ratchet is prevented from turning backwards by the click-work composed of the click, secured by the click-spring.

« Hand-setting » means: moving the hands around the dial to set them at the right time by pulling, then turning the crown — operating jointly with the setting (or winding) stem. The setting-stem controls the setting-lever operating the yoke which slides the clutch-wheel down into gear with the setting-wheel driving the minute-wheel. The pinion of the minute-wheel meshes with the toothing of the hour-wheel which controls the hour-hand (1 revolution in 12 hours), while the toothing of the minute-wheel meshes with the canon-pinion which controls the minute-hand (1 revolution in 1 hour).

SIZES

39. The measures used in the watch-trade are the line (2.256 ⁷⁄ₘ) for the diameters of watch-movements, and the twelfth (0.188 ⁷⁄ₘ) for their thicknesses or heights. There are 12 twelfths in a line. These old measures derive from the King's foot which was divided into 12 inches, the inch into 12 lines and

38. « Remontage » signifie: enrouler le ressort du barillet en tournant la couronne et la tige de remontoir avec les doigts. Le mouvement est communiqué par le pignon de remontoir au rochet de couronne puis au grand rochet qui fait tourner l'arbre du barillet, remontant ainsi le ressort. Le grand rochet est empêché de tourner en sens inverse par l'encliquetage, composé de la masse, maintenue par le ressort de masse.

« Mise à l'heure » signifie: faire tourner les aiguilles autour du cadran pour les mettre à l'heure exacte en tirant, puis en tournant la couronne — solidaire de la tige de mise à l'heure (ou de remontoir). La tige de remontoir commande la tirette actionnant la bascule qui fait glisser le pignon coulant et l'engrène avec le renvoi entraînant la roue de minuterie. Le pignon de la roue de minuterie s'engrène avec la denture de la roue à canon qui commande l'aiguille des heures (1 tour en 12 heures), tandis que la denture de la roue de minuterie s'engrène avec la chaussée qui commande l'aiguille des minutes (1 tour en 1 heure).

GRANDEURS

39. Les mesures utilisées en horlogerie sont la ligne (2,256 $^m/_m$) pour les diamètres des mouvements de montres, et le douzième (0,188 $^m/_m$) pour leurs épaisseurs ou hauteurs. Il y a 12 douzièmes dans une ligne. Ces anciennes mesures dérivent du pied du Roi qui était divisé en 12 pouces, le pouce en

the line into 12 twelfths or points. Ladies' watches are just a few lines in diameter; men's wrist-watches usually range from 10 to 13 lines, pocket-watches from 17 to 19''' and deck-watches from 20 to 32 lines. American « sizes » are based on the inch which has been divided into 30 parts. By adding to 1 inch, 5 of the 30 parts thereof, we obtain the

0 size = 1 inch 5/30 ths = 13''' (lines) = 29.63 $\frac{m}{m}$.

For each of the following sizes, 1/30 th of an inch (0.8466 $\frac{m}{m}$) is to be added. In order to obtain the diameter in millimeters of any American « size ». the following formula will prove useful:

$$\frac{35 \times \text{number of size} \times 25.40}{30} = X$$

40. All American « sizes » are not in current use; the following are the principal ones:

000 or 3/0 size	= 0 inch	25/30 =	9''$^1/_3$	= 21.17	$\frac{m}{m}$
00 » 2/0 »	= 1 »	— =	11''$^1/_4$	= 25.40	»
0 »	= 1 »	5/30 =	13''$^1/_6$	= 29.63	»
12 »	= 1 »	17/30 =	17''$^1/_2$	= 39.79	»
16 »	= 1 »	21/30 =	19''$^1/_4$	= 43.18	»

41. No, round movements smaller than 7 lines are not usually seen on the market, because they are expensive and difficult to regulate, but very small shaped movements, as shank or « baguette » movements, are in great favour nowadays, for wristlets and rings.

12 lignes et la ligne en 12 douzièmes ou points. Les montres de dames ont quelques lignes de diamètre; les montres-bracelets pour hommes varient habituellement de 10 à 13 lignes, les montres de poche de 17 à 19 lignes et les chronomètres de bord de 20 à 32 lignes. Les « sizes » américains sont basés sur le **pouce** qui a été divisé en 30 parties. En ajoutant à 1 pouce, 5 de ces 30 parties, nous obtenons le

0 size = 1 pouce 5/30mes = 13" (lignes) = 29.63 $\frac{m}{m}$

Pour chacun des sizes suivants, 1/30me de pouce (0.8466 $\frac{m}{m}$) doit être ajouté. Afin d'obtenir le diamètre en millimètres de n'importe quel « size » américain, la formule suivante sera utile:

$$\frac{35 \times \text{nombre de « size »} \times 25.40}{30} = X$$

40. Tous les « sizes » américains ne sont pas d'usage courant; voici les principaux:

000 ou 3/0 size	= 0 pouce	25/30 =	9" $^1/_3$	= 21.17	$\frac{m}{m}$
00 » 2/0 »	= 1 »	— =	11" $^1/_4$	= 25.40	»
0 »	= 1 »	5/30 =	13" $^1/_6$	= 29.63	»
12 »	= 1 »	17/30 =	17" $^1/_2$	= 39.79	»
16 »	= 1 »	21/30 =	19" $^1/_4$	= 43.18	»

41. Non, les mouvements ronds plus petits que 7 lignes ne se trouvent pas habituellement sur le marché, parce qu'ils sont très chers et difficiles à régler, mais de très petits mouvements, tels que les mouvements du type « baguette », sont en grande faveur, à notre époque, pour bracelets et bagues.

MAKING

42. The chief operations to be performed in executing a regular watch movement are:

Drawing and tracing the caliper-movement;

Execution of the hand-made standard model;

Making the dies and tools;

Stamping or cutting off the brass and steel pieces;

Drilling, worming, turning on lathes and milling the plate and bridges;

Cutting and pivoting the wheels, spindles and their pinions;

Execution of the winding-stem with its pinions; of the screws; barrel with its arbor; escapement: balance and hairspring. These pieces are manufactured separately.

Polishing the screws and a few steel parts; finishing off the ratchet and crown-wheel;

Gilding, silver-plating or nickel-plating the plates and bridges; gilding the wheels;

Driving the jewels or bushings into the plate and bridges;

Putting together (or assembling) all the movement parts:

Lubrication of the pivots, the escapement and a few other organs;

Poising the balance and fixing the hairspring;

Verification of the running and adjustment of the regulating organs;

Fitting the dial and hands; casing the movement.

FABRICATION

42. Les principales opérations nécessaires à la fabrication d'un mouvement de montre courant sont:

Dessin et tracé du calibre;

Exécution, à la main, du modèle original;

Exécution des étampes et de l'outillage;

Etampage ou découpage des pièces en laiton et en acier;

Perçage, taraudage, tournage (sur tours) et fraisage de la platine et des ponts;

Découpage et pivotage des roues, des axes et de leurs pignons;

Exécution de la tige de remontoir et de ses pignons; des vis; du barillet avec son arbre; de l'échappement; du balancier et du spiral. Ces pièces sont fabriquées séparément.

Polissage des vis et de quelques parties en acier; finissage du grand rochet et du rochet de couronne;

Dorage, argentage ou nickelage des platines et des ponts: dorage des roues;

« Chassage » des pierres ou des bouchons dans la platine et les ponts;

Remontage (ou assemblage) de toutes les parties du mouvement;

Lubrification des pivots, de l'échappement et de quelques autres organes;

Mise d'inertie du balancier et pose du spiral;

Vérification de la marche et réglage des organes régulateurs;

Pose du cadran et des aiguilles; emboîtage du mouvement.

43. High-grade watch-movements are regulated (adjusted) and tested in various positions (adjustments), and in different temperatures, as follows:

Timing positions	Timing temperatures
Vertical, crown up	Ambient, in the room
Flat, dial up	Warm, in the oven
Flat, back up	Cold, in the refrigerator.

44. This document is a Rating certificate. It is delivered by Observatories, Manufacturers and sometimes by Official Controlment Offices for the Rating of Watches. There are 1st and 2nd class certificates, ascertaining the good time-keeping qualities of chronometers and watches having successfully undergone the trials.

STYLES AND KINDS OF WATCHES

45. These terms refer to the escapements (See No. 30).

46. It is so called because it will run at least 8 days once fully wound up. — 8 days' watches are provided with a large barrel, sometimes two barrels, and with an additional wheel, called hebdomadary wheel, located between the barrel(s) and the center wheel.

43. Les mouvements de montres de précision sont réglés et vérifiés dans différentes positions et à différentes températures, comme suit:

Positions de réglage	Températures de réglage
Verticale, couronne en haut	Ambiante, dans la chambre.
A plat, cadran dessus	Chaude, dans l'étuve
A plat, fond dessus	Froide, dans la glacière.

44. Ce document est un Certificat de réglage. Il est délivré par les Observatoires, les Fabricants et quelquefois par les Bureaux officiels de Contrôle de la Marche des Montres. Il y a des certificats de 1re et de 2me classes, constatant les bonnes qualités de marche et de réglage des chronomètres et des montres ayant subi les épreuves avec succès.

GENRES ET SORTES DE MONTRES

45. Ces termes se rapportent aux échappements (Voir No. 30).

46. Elle est ainsi dénommée parce qu'elle doit marcher au moins 8 jours une fois remontée à fond. — Les montres 8 jours sont munies d'un grand barillet, quelquefois de deux barillets, et d'une roue supplémentaire appelée roue de huitaine, logée entre le (ou les) barillet (s) et la roue de centre (grande moyenne).

47. When a dial is marked:

8 day,	the word « watch » is understood;
8 day-watch,	the word « day » is used adjectively and is invariable;
8 days' watch,	the word « day » is used in the genitive plural;
8 days,	the word « day » is used in the plural and simply means: « This watch will run 8 days ».

48. They are high-grade instruments used by Captains and Pilots on ships and vessels. Marine chronometers are usually placed in wooden boxes provided with a special device called « universal joint » or « cardan-joint » which keeps the instrument in the horizontal position, notwithstanding the rolling and pitching of the vessel. A deck-watch is usually 22" in diameter and adjusted in 5 positions; it may be removed from its box and worn in the pocket. A marine chronometer is usually 25" in diameter and adjusted in 1 position only, (dial up); it should not be removed from its box.

49. It is a watch that will strike the hours, the quarters and sometimes the minutes. The movement is fitted with small hammers and a steel wire acting as a bell. There are also chime repeaters playing complete melodies as: « God save the King » and « America ».

47. Quand un cadran est marqué:

8 day,   le mot « watch » est sous-entendu;

8 day-watch, le mot « day » est employé adjective-
ment et il est invariable;

8 days' watch, le mot « day » est employé au génitif
pluriel;

8 days,   le mot « day » est employé au pluriel
et signifie simplement: « Cette montre
marche 8 jours ».

48. Ce sont des instruments de haute précision
utilisés par les Capitaines et les Pilotes sur les
navires et les vaisseaux. Les chronomètres de marine
sont habituellement logés dans des coffrets en bois
munis d'un dispositif spécial appelé « joint univer-
sel » ou « suspension à la cardan », qui maintient
l'instrument dans la position horizontale, nonobstant
le roulis et le tangage du vaisseau. Un chronomètre
de bord mesure habituellement 22" et il est réglé
dans 5 positions; on peut le sortir de son coffret
pour le porter dans la poche. Un chronomètre de
marine mesure habituellement 25" et il est réglé
dans 1 seule position (cadran dessus); on ne doit pas
le sortir de son coffret.

49. C'est une montre qui frappe les heures, les
quarts et quelquefois les minutes. Le mouvement est
muni de petits marteaux et d'un fil d'acier faisant
l'office de timbre. Il y a aussi des montres à sonne-
rie-carillon jouant des mélodies complètes, telles que
« God save the King » et « America ».

50. It is a watch used for measuring and recording time with extreme precision. Chronographs are in great favour among sportsmen, engineers, officers and shorthand-writers.

51. Sport-meters do not show the time; they merely divide the second into 5 ths, 10 ths, 30 ths, 50 ths, or 100 ths of seconds.

Chronographs, single-fly-back or double-fly-back, also called: Split-second-chronographs or split-timers, Minute recording chronographs or minute-recorders, Stop-watches and Sport-watches show the time and the divisions of seconds into 5 ths or 10 ths of seconds. They are **single-acting,** with **one** large second-hand in the center, or **double-acting** (deploying), with **two** superposed second-hands in the center, capable of operating jointly or separately. A special hand records, or registers, the minutes on a small dial. These instruments are useful in races, matches, competitions and tournaments.

Pulsometer watches are used by physicians and nurses. With Tachometer watches we can determine speeds at so many miles per hour, and with Telemeter watches it is possible to value distances according to sounds.

52. A calendar-watch marks the date, the name of the day and that of the month; it often shows the phases of the moon. There are also perpetual calendar-watches taking leap-years into account.

50. C'est une montre employée pour mesurer et enregistrer le temps avec extrême précision. Les chronographes sont en grande faveur parmi les sportsmen, les ingénieurs, les officiers et les sténographes.

51. Les compteurs de sport n'indiquent pas l'heure; ils divisent simplement la seconde en 5mes, 10mes, 30mes, 50mes ou 100mes de secondes.

Les Chronographes, simples ou à rattrapante, aussi appelés: Chronographes à secondes fractionnées ou divisées, les Chronographes enregistreurs de minutes, ou compteurs de minutes, les Montres à compteur et les Montres de sports donnent l'heure et les divisions de secondes en 5mes et 10mes de secondes. Ils sont: **simples,** avec **une** grande aiguille de secondes au centre; ou: à **rattrapante** (dédoublante), avec **deux** aiguilles de secondes superposées au centre, pouvant fonctionner conjointement ou séparément. Une aiguille spéciale indique, ou enregistre, les minutes sur un petit cadran. Ces instruments sont utiles pour les courses, les matches, les concours et les tournois.

Les montres pulsomètres sont employées par les médecins et les gardes-malades. Avec les montres Tachymètres, nous pouvons déterminer les vitesses à tant de kilomètres à l'heure, et avec les montres Télémètres il est possible d'évaluer les distances d'après les sons.

52. Une montre à quantièmes marque la date, le nom du jour et celui du mois; elle indique souvent les phases de la lune. Il y a aussi des montres

53. It is a watch provided with the old system of winding up and setting the hands with a key operating the barrel-arbor and the set-hands arbor, through holes provided in the dome or cap. The back of the case must be previously opened.

54. A handless-watch has a blank dial provided with openings under which move cyclometers bearing the figures that gradually appear and disappear. It is also called: « jumping figure » or « flying figure » watch. There are also handless-watches with « snap-shot » figures.

55. An alarm-watch is a wakener including a small hammer and a dome which is a kind of gong acting as a bell.

56. A skeleton-watch is like a little « Crystal Palace ». The case is composed of a regular case-center and two sides, back and cover, made of glass. The movement and the dial are so thinly cut, hollo-wed out and carved that nearly all the wheels and moving organs can be seen working without opening the watch.

57. A universal watch has several small dials painted on the main dial and provided with so many pair of hands showing the time of different countries in the world.

à quantièmes perpétuels, qui tiennent compte des années bissextiles.

53. C'est une montre munie du vieux système de remontoir et de mise à l'heure des aiguilles au moyen d'une clef actionnant l'arbre de barillet et le carré de mise à l'heure, à travers des ouvertures pratiquées dans la cuvette. On doit ouvrir, préalablement, le fond de la boîte.

54. Une montre sans aiguilles est munie d'un cadran percé d'ouvertures sous lesquelles se meuvent des cyclomètres portant les chiffres qui apparaissent et disparaissent tour à tour. On l'appelle aussi: « montre à chiffres sauteurs » ou à « chiffres volants ». Il existe aussi des montres sans aiguilles à chiffres « instantanés ».

55. Une montre réveille-matin, ou réveil, est munie d'un petit marteau et d'une cuvette en forme de gong faisant l'office de timbre.

56. Une montre-squelette est comme un petit « Palais de Cristal ». La boîte est composée d'une carrure ordinaire et de deux côtés, fond et couvercle, en verre. Le mouvement et le cadran sont si finement découpés, ajourés et ciselés que l'on peut voir fonctionner presque toutes les roues et les organes mobiles sans ouvrir la montre.

57. Une montre universelle a plusieurs petits cadrans peints sur le cadran principal et munis d'autant de paires d'aiguilles indiquant l'heure de différents pays du monde.

58. A whirl-watch («tourbillon») is provided with a kind of «merry-go-round» which carries the escapement and the balance. (see No. 30). There is an imitation of the whirl-movement, the characteristic feature being that the platform itself of the merry-goround carries the escapement and the balance, the latter performing, so to say, epicyclic oscillations around the central axis, an upper extension whereof bears the second-hand.

59. Old systems used for measuring time were: the Sun-dial, the Hour-glass or Watch-glass, the Clepsydra or Water-clock and the Fire-clocks, also called Ignited clocks, constituted by small graduated sticks made of pitchy wood paste. Said sticks burned during a given period of time.

60. There are also:

Center-second watches, fitted with a long hand marking the seconds — Visible balance watches;

Twenty-four-hour watches, in which the hour-hand performs one revolution in 24 hours, the figure 12 being at the bottom of the dial;

Watches for the blind, with relievo figures of the Braille type, and very strong hands;

Non-magnetic watches, for electricians;

Panoramic — Automaton — Gambling and Miniature watches;

Barometer — Thermometer and Mariner's compass watches:

58. Une montre à tourbillon est munie d'une sorte de « carrousel » qui porte l'échappement et le balancier (voir No. 30). Il existe une imitation du mouvement à tourbillon, caractérisé en ce que la plateforme elle-même du carrousel porte l'échappement et le balancier, ce dernier accomplissant, pour ainsi dire, des oscillations épicycliques autour de l'axe central dont le prolongement porte l'aiguille des secondes.

59. Les anciens systèmes employés pour mesurer le temps étaient: le Cadran solaire, le Sablier, la Clepsydre ou Horloge à eau et les Horloges à feu, appelées aussi Horloges ignées, constituées par des bâtonnets gradués, en pâte de bois résineux. Ces bâtonnets brûlaient pendant un temps déterminé.

60. Il y a aussi les:

Montres à seconde au centre, munies d'une longue aiguille indiquant les secondes — Montres à balancier visible;

Montres à vingt-quatre heures, dans lesquelles l'aiguille des heures fait un seul tour en 24 heures, le chiffre 12 se trouvant au bas du cadran;

Montres pour aveugles, avec chiffres en relief d'après la méthode Braille, et de très fortes aiguilles;

Montres Anti-magnétiques, pour électriciens;

Montres Panoramiques — Automates — de Jeux et Miniatures;

Montres à Baromètre — à Thermomètre et à Boussole;

Night watchmen's and Doorkeepers' watches, or Tell-tale clocks, including a controlling paper-dial or disc, to be punched at regular intervals with checking-keys chained in various places on the premises. These watches are generally carried in a leather casing fitted with a shoulder-strap;

Explorers' — Planters' — Tropical and Arctic watches;

Automobile-watches and Motor-clocks, sometimes of the bezel-winding and setting type — Motor-cycle and Tank watches;

Aeroplane — Sea-plane — Airship — Stratosphere-balloon and Ocean diving-sphere watches;

Paper-weight — Paper-knife — Lamp — Table-lighter — Letter-weigher — Ash-tray — Easel, or Strut, and Boudoir watches;

Money-box, Coin-in-the-slot, or savings-watches — Insurance pre-payment watches or Time-pieces;

« Shell » or Smash-proof watches, having a very strong fancy-shaped outer casing of the « shell » type, often leather coated, enclosing the case and movement properly. In some of these watches, the opening and closing action of the shell controls a lever or rack-and-pinion device, for automatic winding;

Montres pour Veilleurs de nuit et Portiers, ou Contrôleurs de rondes, munies d'un cadran de papier ou disque de contrôle qui doit être perforé à intervalles réguliers avec des clefs poinçonneuses enchaînées en divers endroits des locaux. Ces montres sont généralement renfermées dans un étui de cuir et se portent en bandoulière;

Montres pour Explorateurs et Planteurs — Montres Tropicales et Arctiques;

Montres pour Automobiles, quelquefois du type à remontoir et mise à l'heure par la lunette — montres pour Motocyclettes et pour Tanks;

Montres pour Avions — Hydravions — Ballons dirigeables — Ballons de Stratosphère et pour Batisphères d'océan;

Montres Presse-papier — Coupe-papier — Lampes — Briquets de Table — Pèse-lettres — Cendriers — Chevalets — de Boudoir.

Montres-tirelires, avec fente pour pièces de monnaie, — Montres ou Pendulettes pour le paiement par anticipation d'une assurance.

Montres à «Carapace», ou à l'abri des chocs, renfermées dans un très fort étui du type «coquille», souvent recouvert de cuir, contenant la boîte et le mouvement proprement dits. Dans certaines montres de ce genre, l'action d'ouverture et de fermeture de l'étui commande un levier ou un dispositif à crémaillère, qui assure le remontage automatique du mouvement;

Winter-sport coat-pocket watches, of the wide bezel type. The movement is in a case covered with beautiful skin such as lizard, crocodile, or morocco, black or coloured, with a plaited leather chain and button-hole disc to match;

Dust-cap — Screw-back-and-bezel case watches, of the Borgel type, also called hermetic, dust-proof, sand-proof, rain-proof and snow-proof watches;

Waterproof or Water-tight watches, for bathers, swimmers and divers. In some of these watches, the case itself is made water-tight; in others, the movement is entirely protected by a thin Cellophane housing or pouch;

Automatic-winding or Self-winding watches, in which the mainspring is wound up through a device operated by the mere movements of the wearer's arm, or by jogs in walking;

« Unbreakable » or Shockproof watches, having a flexible balance with shock-absorbing arms and a limitation ring all round the balance; — or fitted with a shock-absorbing device in which the balance-jewels, instead of being rigidly set, are located within bearings held in position by flexible arms, or springs, that provide for slight lateral motion of the balance, pivot and jewel;

Coin-watches, the movement being inserted within a gold or silver coin, hollowed out for the purpose; or with the movement placed between two coins;

Montres de poche pour vestes de Sports d'hiver, du type à lunette large. Le mouvement est dans une boîte recouverte de très belle peau de lézard, de peau de crocodile ou de marocain, en noir ou en couleurs, avec un cordon de cuir tressé et disque assorti pour la boutonnière ;

Montres à calotte cache-poussière — montres avec fond et lunette à vis, du type Borgel, aussi appelées hermétiques, pare-poussière ou à l'abri du sable, de la pluie et de la neige;

Montres imperméables ou étanches, pour baigneurs, nageurs et plongeurs. Dans certaines montres de ce genre, la boîte elle-même est étanche; dans d'autres, le mouvement se trouve entièrement protégé par un mince étui ou calotte en Cellophane;

Montres à remontage automatique, dans lesquelles le ressort de barillet est remonté au moyen d'un dispositif actionné par les simples mouvements du bras, ou par les secousses de la marche;

Montres incassables ou montres pare-chocs, avec balancier flexible comportant des bras pour « absorber » les chocs et un anneau de limitation autour du balancier; — ou munies d'un dispositif absorbant les chocs, dans lequel les pierres du balancier, au lieu d'être rigidement serties, sont logées dans des coussinets maintenus par des bras flexibles, ou par des ressorts, permettant un léger déplacement latéral du balancier, du pivot et des pierres;

Montres pièces de monnaie, dont le mouvement est inséré dans une pièce d'or ou d'argent, préala-

« Smoking » or Dress watches, extra-flat or ultra-thin; Lapel or Button-hole — Fob-chain — Ball — Necklace — Ring — Garter and Anklet watches;

Glove-watches, held on each side by a short strap with press-buttons to fit on top of the glove-cuff, for motorists, cyclists, officers, riders, skiers and skaters;

Lady's bag — Leather-portfolio — Travelling — Pencil — Purse — Key-holder — Belt-buckle and Camera-watches;

Cigarette-case — Pocket-lighter — Mirror — Vanity-case and Lip-stick watches — Transparent watches, with a crystal case;

Parasol or Sunshade-handle — Umbrella-handle — Stick-handle and Horse-whip-handle watches;

Opera-glass watches, for theater-goers — Surprise and Clip watches, for evening-parties and balls;

Gyro-plane watches, in which the hands are superseded by revolving pointer discs, laid in the dial and rotating on the same plane;

Mysterious second watches, in which the second-hand is replaced by a quaint little disc;

blement évidée: ou dont le mouvement est placé entre deux pièces de monnaie;

Montres « Smoking » ou « Frac », extra-plates ou ultra-minces; Montres revers d'habit ou boutonnières — Montres Châtelaines — Boules — Colliers — Bagues — Jarretières et Anneaux de chevilles;

Montres-gants, tenues de chaque côté par une petite courroie avec boutons à pression qui s'adaptent à la manchette du gant, pour automobilistes, cyclistes, officiers, skieurs et patineurs;

Montres sacs de dames — Portefeuilles cuir — de Voyage — Crayons — Porte-monnaie — Porte-clefs — Boucles de ceintures et pour Appareils photographiques;

Montres étuis à cigarettes — Briquets de poche — Miroirs — Boîtes à poudre et Bâtons de rouge — Montres transparentes, avec boîtier en cristal;

Montres manches de parasols ou d'ombrelles — Montres manches de parapluies — poignées de cannes et de cravaches;

Montres jumelles et lorgnettes, pour les habitués des théâtres — Montres-surprises et Montres clips, pour soirées et bals;

Montres Gyroplan, dans lesquelles les aiguilles sont remplacées par des disques indicateurs rotatifs, incrustés dans le cadran et tournant sur le même plan;

Montres à seconde mystérieuse, dans lesquelles l'aiguille des secondes est remplacée par un ingénieux petit disque;

Rolling-hour and minute watches, in which the hands are superseded by 2 metal balls of different sizes, or by 2 spherical jewels of different colours, turning within the dial, inside the figure zone. The large ball indicates the hours and the small ball the minutes.

Minute-index watches, in which a jewel pointer revolves around the dial, marking the minutes, while the hours are shown by jumping figures.

Watches are now supplied for every possible purpose; they are presented in all styles and sizes, many of which constitute Makers' patented specialities. Whether plain or artistically decorated, cheap or high-priced, with simple or complicated mechanisms, they reveal extreme diversity and answer the requirements of the most fastidious buyers.

Manufacturers are constantly on the look-out for creating novelties in accordance with new taste and fashion. Their Catalogues, the Trade Journals and the Dealers' Advertisements, all beautifully illustrated, give complete descriptions and up-to-date information on all interesting articles as they are thrown on the world-markets.

Montres à heures et minutes roulantes, dans lesquelles les aiguilles sont remplacées par 2 boules en métal, de grandeurs différentes, ou par 2 pierres sphériques de différentes couleurs, tournant dans le cadran même, à l'intérieur de la zone des chiffres. La grande boule indique les heures et la petite boule les minutes.

Montres index de minutes, dans lesquelles une petite pointe en pierre tourne autour du cadran et marque les minutes, tandis que les heures sont indiquées par des chiffres sauteurs.

Il se fait actuellement des montres pour n'importe quel usage; elles sont présentées dans tous les genres et grandeurs et constituent, pour la plupart, des spécialités brevetées de Fabricants. Qu'elles soient unies ou artistiquement décorées, bon marché ou de prix élevé, avec des mécanismes simples ou compliqués, elles révèlent une diversité extrême et répondent aux exigences des acheteurs les plus difficiles.

Les fabricants sont constamment aux aguets pour créer des nouveautés d'après le goût du jour et la mode nouvelle. Leurs Catalogues, les Revues professionnelles et les Annonces des Négociants, publiés avec de splendides illustrations, donnent les descriptions complètes et des renseignements de fraîche date concernant tous les modèles intéressants au fur et à mesure qu'ils apparaissent sur le marché mondial.

A glance at the Jewellers' Shop-windows and a
visit to the Stands of Horology at the Fairs periodically held in large towns, will give a correct esti-
mate of the Makers' enterprising spirit in the Realm
of Watches.

Un coup d'œil aux Devantures des Bijoutiers et
une visite aux Stands de l'Horlogerie, lors des
Foires organisées périodiquement dans certaines
grandes villes, donneront une idée exacte de l'esprit
d'entreprise des Fabricants dans le Royaume de la
Montre.

www.ingramcontent.com/pod-product-compliance
Lightning Source LLC
Chambersburg PA
CBHW020322090426
42735CB00009B/1369